# Le pestacle
# et les pétards

.

Responsable de la collection : Frédérique Guillard
Direction artistique : Bernard Girodroux, Claire Rébillard, Laurence Moinot.

# BÉATRICE ROUER

# Le pestacle
# et les pétards

Illustrations de Rosy

NATHAN

« Tralalalala »,

il fallait voir ça : Jennifer

et moi dans nos beaux

justaucorps fluo,

en train d'agiter

gracieusement les bras

et les jambes au rythme

du magnétophone

de la maîtresse.

Dans quinze jours,
c'était la fête de l'école
et nous répétions avec ardeur.
Moi, j'étais contente,
j'adore ça, la danse,
et puis j'avais Jennifer
comme partenaire.

C'est ma meilleure copine
et en ce moment,
on ne se dispute plus du tout.
On a fait « rikiki pour la vie »
en serrant nos petits doigts.
Ça veut dire qu'on a juré
de rester toujours copines.
En revanche, devant nous,
celui qui faisait une drôle de tête,
c'était Olivier,
le fils de la maîtresse !

Il bougonnait :

– C'est nul, la danse.

Et puis d'abord,

moi je déteste ça, les pestacles !

– On ne dit pas pestacle,

on dit spectacle.

– Non mais, tu permets, Laetitia,

je parle comme je veux.

À ce moment,
la maîtresse a demandé :
– Olivier, vas-y, c'est ton tour.
Joue ton morceau de trompette.

Olivier est monté sur l'estrade
avec son instrument,
l'air impressionné.
Ça fait seulement un an
qu'il apprend à jouer.
Moi, je le regardais
avec admiration. Forcément,
on est amoureux tous les deux.

Il s'est raclé trois fois la gorge,
a mis l'instrument à la bouche
et... pfuiiit, aucun son n'est sorti.
Olivier avait beau souffler,
souffler, devenir tout rouge
à force de souffler,
on n'entendait rien.

Toute la classe
s'est mise à rigoler,
comme au cirque
quand le clown fait exprès
de ne pas savoir jouer
ou qu'il y a de l'eau
qui sort de la trompette.

Sauf que là,
Olivier ne le faisait pas
exprès du tout.
Il est descendu de l'estrade,
l'air gêné.

Il a tapé du pied en disant :
– Et d'abord, je ne jouerai pas
à la fête de l'école.

La maîtresse avait l'air
aussi désolée que lui :
– Olivier, tu n'as pas l'habitude
du public. C'est pour ça
que tu n'y arrives pas,
tu es intimidé.
Demain, tu recommences,
et tu verras, ça ira mieux.
– Non, non et non ! Je ne veux
plus faire de trompette !

Là-dessus, Olivier est parti
un peu plus loin
dans la cour de récréation,
en donnant des coups de pied
dans un caillou.
Cinq minutes après,
on a entendu un grand boum !
Il avait fait claquer un pétard !
J'ai sursauté : c'est absolument
défendu de faire ça à l'école.

D'ailleurs, la maîtresse a foncé
comme une fusée sur son fils,
ça a fait des étincelles
et elle lui a confisqué
toute sa réserve de munitions.

Pauvre Olivier !

Ce n'était pas son jour, vraiment.

Pour le consoler, je lui ai proposé
de venir chez moi, mercredi.

Mais il m'a répondu
presque en pleurant :

– Je ne peux pas, Laetitia,
j'ai trompette…

Alors tant pis, mercredi
j'ai invité Jennifer.
On est allées toutes les deux,
bras dessus, bras dessous,
se promener en ville,
faire du lèche-vitrine.

Après Bouboule,
le marchand de bonbons,
il y a Cocottes en papier
qui vend des stylos-plumes,
des trousses et des porte-monnaie
super. Un peu plus loin,
c'est le marchand de jouets.

Un marchand bien attirant,
surtout pour un certain
jeune homme de ma connaissance
qui était là, très occupé à admirer
les pétards de la vitrine…

Il a sursauté en nous voyant :

– Euh, je… euh…

– Olivier, tu n'es pas
à l'école de musique ?

– Non ! J'ai pas envie !

– Et ta mère ?

– Elle le sait pas !

C'est alors que Jennifer a dit
d'un petit ton perfide :

– Moi, je vais vous dire
pourquoi il ne veut pas en jouer,
de la trompette. En fait,
c'est un dégonflé :
il fait semblant
de ne pas y arriver,
parce qu'il est trop nul
et qu'il ne veut pas
que tout le monde le sache.

J'ai bondi pour prendre la défense
de mon amoureux :
– Pas du tout, il joue très bien.
– Ça m'étonnerait,
c'est rien qu'un crâneur.
   J'allais répondre
« Crâneuse toi-même ! »,
et ça aurait été dommage
à cause de « rikiki pour la vie ».
Mais Olivier est devenu tout rouge
il a éclaté comme un pétard :
– Ah ! je suis nul.
Ah ! je suis un dégonflé.
Eh bien, tu vas voir…

Il a jeté son étui par terre,
et il a sorti sa trompette.
Il s'est adossé contre la vitrine
et a joué très fort
*J'ai du bon tabac,*
puis *Joyeux anniversaire* et enfin
*Ah vous dirais-je maman.*

C'était beau !!! À la fin,
on a applaudi. Les trois
personnes qui s'étaient arrêtées
pour écouter aussi.
Mais le mieux de tout,
c'est qu'au fond de l'étui,
elles ont jeté des pièces.

De quoi s'acheter
au moins cinq pétards !
Olivier n'a fait ni une ni deux,
il est entré dans le magasin
et, en sortant,
vous auriez vu son air…
Ensuite, il a repris son étui
et il est parti en courant.

J'ai crié :

– Où vas-tu ?

– À l'école de musique, tiens !

Je me dépêche, je suis en retard.

– Alors, tu continues la trompette

– Tu parles ! C'est comme le Loto

ça peut rapporter gros.

– Et la fête de l'école ?

Là, Olivier a éclaté de rire :

– Tu vas voir, ça va être

un pestacle en fanfare :

un magnifique concert

de trompette et pétards !

# Béatrice Rouer

est née au bord d'une de ces grandes plages du Nord qui n'en finissent pas de s'étendre à perte de vue. Un peu plus tard… elle fait des études de journalisme et commence à écrire pour les enfants. Et comme on n'est jamais si bien servi que par soi-même, elle met au monde les trois plus assidus de ses lecteurs : Priscilla, Martin et Thomas. Ils sont aussi une source d'inspiration inépuisable pour les nombreux albums qu'elle publie.

# Rosy

Tout petit, Rosy s'amuse à recopier les personnages de Walt Disney. Après un passage dans l'entreprise familiale de clouterie, il entre aux Éditions Dupuis. Il écrit des scénarios et crée des personnages de B.D. Actuellement, il dessine pour la presse et l'édition et signe de temps en temps une campagne de publicité. En Première Lecture, il fait souvent équipe avec Béatrice Rouer.

*Retrouve Laetitia, Jennifer et Olivier en « Première Lune » dans :*
Souris d'avril, Mon père, c'est le plus fort ! Tête à poux
Le pestacle et les pétards.
*Dès septembre 1996 :* Nulle en calcul !
*Dès janvier 1997 :* C'est mon amoureux.
*Dès avril 1997 :* Le fils de la maîtresse.

# DANS LA MÊME COLLECTION

Arnaud Alméras
**Barbichu
et le détecteur
de bêtises**

Calamity Mamie

Les vacances
de Calamity Mamie

Hubert Ben Kemoun
Tous les jours,
c'est foot !

Nicolas-Jean Brehon
Un petit grain
de rien du tout

Elsa Devernois
Qu'est-ce que
tu me donnes
en échange ?

Danielle Fossette
Je me marierai
avec la maîtresse

Thierry Lenain
Menu fille
ou menu garçon ?

Geneviève Noël
Un super
anniversaire

Ann Rocard
Le loup qui avait
peur de tout

Le loup qui n'avait
jamais vu la mer

Béatrice Rouer
Souris d'avril !

Mon père,
c'est le plus fort !

T'es plus
ma copine !

Tête à poux

Le pestacle
et les pétards

N° d'Editeur : 10034199 - (1) - (8) - CSBN - 170
Dépôt légal : mai 1996
Impression et reliure : Pollina s.a., 85400 Luçon - n° 69836
ISBN 2-09-282 434 - 1